# BEI GRIN MACHT SICH IHR WISSEN BEZAHLT

# Erstellung eines Beweglichkeits- und Koordinationstrainingsplans

GRIN ☺

**Bibliografische Information der Deutschen Nationalbibliothek:**

Die Deutsche Nationalbibliothek verzeichnet diese Publikation in der Deutschen Nationalbibliografie; detaillierte bibliografische Daten sind im Internet über http://dnb.d-nb.de abrufbar.

ISBN: 9783346349712
Dieses Buch ist auch als E-Book erhältlich.

Druck und Bindung: Books on Demand GmbH, Norderstedt Germany
Gedruckt auf säurefreiem Papier aus verantwortungsvollen Quellen

Das vorliegende Werk wurde sorgfältig erarbeitet. Dennoch übernehmen Autoren und Verlag für die Richtigkeit von Angaben, Hinweisen, Links und Ratschlägen sowie eventuelle Druckfehler keine Haftung.

Das Buch bei GRIN: https://www.grin.com/document/989654

Deutsche Hochschule für
Prävention und Gesundheitsmanagement
Hermann Neuberger Sportschule 3
66123 Saarbrücken

# Einsendeaufgabe

**Fachmodul:** Trainingslehre III

**Studiengang:** B.A. Fitnessökonomie

**Einsendeaufgabe „Trainingslehre III -**

**Beweglichkeits - & Koordinationstraining"**

**Deutsche Hochschule**

**für Prävention und Gesundheitsmanagement**

**Note: 1,2 (Sehr gut)**

# Inhaltsverzeichnis

# 1 Personendaten

## 1.1 Allgemeine Personendaten

Tab. 1: Allgemeine Personendaten (inkl. Bewertung)

| Alter | 24 Jahre |
|---|---|
| Geschlecht | männlich |
| Körpergröße | 1,90 m |
| Körpergewicht | 83,5 kg |
| Berufliche Tätigkeit | Student (überwiegend sitzende Tätigkeit) |
| **Aktuelle sportliche Aktivitäten** | |
| Aktuell wird an 2 Tagen die Woche Amateur-Kickboxen für jeweils $1\frac{1}{2}$ Stunden auf einem gehobenen Leistungslevel betrieben (Meisterschaftsturnierteilnahme bis zur Hessenmeisterschaft). Unterstützend wird einmal wöchentlich für eine Stunde ein funktionelles Ganzkörper-Hypertrophietraining auf einem Fortgeschrittenenlevel absolviert. | |
| **Frühere sportliche Aktivitäten** | |
| Der Klient hat jeweils 10 Jahre Vorerfahrung mit Fitness- und Kickboxtraining. Nebenbei wurde das Training zeitweise mit Ausdauertraining unterstützt (überwiegend im Grundlagenausdauerbereich). In der Kindheit wurde Schwimmen auf Leistungssportniveau und diverse Spielsportarten (Breitensport) betrieben. | |
| **Zeitlicher Verfügungsrahmen** | |
| Der Sport „WAKO-Kickboxen" und das unterstützende Fitnesstraining soll weiter betrieben werden. Das zusätzliche Beweglichkeits- und Koordinationstraining soll als Ergänzung des bisherigen Trainingspensums in der allgemeinen Vorbereitungsperiode nach einer 2-wöchigen Erholungsphase im Anschluss an die Wettkampfperiode (WAKO-Hessenmeisterschaft) absolviert werden. Hierfür darf an weiteren 3 Tagen die Woche jeweils eine bis eineinhalb Stunden Trainingszeit veranschlagt werden. | |
| **Trainingsmotive** | |
| Der Klient erwartet vom zusätzlichen kombinierten Beweglichkeits- und Koordinationstraining eine Verbesserung der sportlichen Wettkampfleistung, eine Verbesserung der sportartspezifischen, aktiven Beweglichkeit, der Dehnfähigkeit, der dynamischen Gleichgewichtsfähigkeit (Chwilkowski, 2006), der Anpassungs- und Umstellungsfähigkeit (Chwilkowski, 2006, S. 10-11), der Propriozeption und der speziellen Koordination. Die allgemeine Fitness und Gesundheit soll durch Abbau eventueller Dysbalancen gefestigt werden. Außerdem soll das Beweglichkeits- und Koordinationstraining durch Abwechslung zur Vermeidung von Monotonie beim Training beitragen und neue Trainingsreize bieten. | |
| **Stress im Alltag** | Ja (positiver Stress nach eigener Aussage) |
| **Übergewicht Adipositas** | Nein |
| **Allgemeine Befindlichkeit** | Sehr gut |
| **Eigene Einschätzung der Fitness** | Sehr gut |
| **Bewegungsmangel** | Nein |
| **Body-Mass-Index** | 23,13 $(kg/m^2)$ → **Normalgewicht** (WHO, 2000) |
| **Taille-Hüft-Quotient** | 0,81 (80cm : 98cm) → kleiner als Grenzwert 1 → **gynoides Fettverteilungsmuster (Birnenform)** (International Task Force for Prevention of Coronary Heart Desease, 1998; Wechsler, Schusdziarra, Hauner & Gries, 1996) → **kein erhöhtes Risiko** für Herz-Kreislauferkrankungen, Typ-2-Diabetes, Hypertonie oder Fettstoffwechselstörungen (Pillmann, Schwinger & Brixius, 2009) |
| **Waist-to-Height-Ratio** | 0,42 (80cm : 190cm) → kleiner als geschlechtsunspezifischer Grenzwert 0,5 → kein erhöhtes kardiovaskuläres Risiko (Ashwell, Lejeune & McPherson, 1996) |
| **Körperfettanteil** | 11,5 % → **normal** (Gallagher et al., 2000) → **präventiv wünschenswert** |
| **Durchschnittlicher Morgenpuls** | 55 S/min → **niedrig** (Janssen & Weineck, 2003, S. 50) → **Reduktion um 10 S/min** senkte allg. Mortaliät um 9% (Strasser, 2015; Zhang, Shen & Qi, 2015) |
| **Blutdruck in Ruhe** | 115/75 RR (mmHg) → **optimal** (Mancia et al., 2013, S. 1286) |

# 1.2 Allgemeiner Gesundheitszustand, absolute und relative Kontraindikationen für postisometrische Relaxation und Dehnung, Gesundheits- und Leistungsstatus

Tab. 2: Allgemeiner Gesundheitszustand, absolute und relative Kontraindikationen für postisometrische Relaxation (PIR) und Dehnung (Smolenski, Buchmann & Beyer, 2016, S. 38), Bewertung des Gesundheits- und Leistungsstatus im Hinblick auf die Belastbarkeit und Trainierbarkeit des Klienten

| Allgemeiner Gesundheitszustand | | | |
|---|---|---|---|
| Medikamenteneinnahme | Nein | Ärztlicher Herz-Kreislaufbefund | Nein |
| Allgemeine ärztliche Kontrolle | Adoleszenzuntersuchung II | Arterielle Hypertonie | Nein |
| | (J2) beim Hausarzt | Diabetes mellitus Typ I / Typ II | Nein |
| Aktuelle ärztliche Behandlungen | Nein | Muskelbeschwerden | Nein |
| Erkrankungen im letzten Monat | Nein | Reizleitungsstörungen | Nein |
| Operationen oder Verletzungen am Bewegungsapparat | Nein | Ärztlicher Schilddrüsenbefund (Hypo- oder Hyperthyrose) | Nein |
| Gelenkerkrankungen (Arthrose, Arthritis, Poliarthritis) | Nein | Chronische Erkrankungen | Nein |
| | | Verordnete Diät | Nein |
| Ärztlicher Wirbelsäulenbefund | Leichter lumbaler morbus | Falsche Ernährung | Nein |
| | Scheuermann, Zufallsbefund: | Übermäßiger Alkoholkonsum | Nein |
| | schmerz- & symptomfrei | Raucher | Nein |
| Asthma bronchiale / Bronchitis | Kälteinduziertes Asthma | Schwindel bei Belastung | Nein |
| | bronchiale in der Jugend | Kopfschmerzen / Migräne | Nein |
| | (symptomfrei → geheilt) | Fettstoffwechselstörung | Nein |
| Sonstige Atemwegsbeschwerden | Nein | Krampfadern | Nein |
| Empfehlungen vom Arzt | Nein | Sonstige ärztliche Befunde | Nein |
| Absolute Kontraindikationen für postisometrische Relaxation (PIR) und Dehnung (Smolenski, Buchmann & Beyer, 2016, S. 38) | | | |
| Strukturelle Erkrankung des Muskels wie Myositis, Dystrophie oder Myasthenie | | | Nein |
| Neurogene Störungen des Muskels wie zerebrale Ischämie oder Polyneuropathie | | | Nein |
| Rheumatoide Arthritis, Autoimmunerkrankungen mit Gelenk- und Muskelbeteiligung | | | Nein |
| Knöcherne Erkrankungen wie schwere Osteoporose oder aseptische Knochennekrosen | | | Nein |
| Frisch implantierte Gelenkprothesen | | | Nein |
| Pathologie der Sehnen wie akute Achillodynie bei Dehnung des M triceps surae | | | Nein |
| Schwere Herz-Kreislauf-Erkrankungen | | | Nein |
| Kinder und Jugendliche in der Wachstumsphase (werden praktisch kaum gedehnt) | | | Nein |
| Somatoforme Schmerzstörung | | | Nein |
| Relative Kontraindikationen für postisometrische Relaxation (PIR) und Dehnung (Smolenski, Buchmann & Beyer, 2016, S. 38) | | | |
| Schwangerschaft | | | Nein |
| Konstitutionelle Hypermobilität | | | Nein |
| Chronische Schmerzstörung mit somatischen und psychischen Faktoren (ICD-10 F45.41) | | | Nein |
| Bewertung des Gesundheits- und Leistungsstatus im Hinblick auf die Belastbarkeit und die Trainierbarkeit | | | |

Der Klient ist ein Leistungssportler im Kickboxen auf Amateurniveau. Er ist im sportlichen Höchstleistungsalter und seiner individuellen Bestform. Alle biometrischen Parameter bewegen sich im Idealbereich oder im Rahmen des aus präventiver Sicht akzeptablen Bereiches. Gesundheits- und Leistungsstatus des Klienten sind als sehr gut zu bewerten. Es liegen keine orthopädischen oder internistischen Einschränkungen und keine absoluten oder relativen Kontraindikationen für postisometrische Relaxation und Dehnung vor. Der Klient kann muskulär und energetisch ausbelastet und bis an die subjektive Schmerzgrenze (Marschall, 1999) gedehnt werden.

# 2 Beweglichkeitstestung

Tab. 3: Vereinfachtes Muskelfunktionstestverfahren zur manuellen Muskelfunktionsdiagnostik nach Janda (Smolenski, Buchmann & Beyer, 2016) - Testung des Spannungsverhaltens

| Brustmuskulatur (M. pectoralis major & M. pectoralis minor) |
| --- |
| **Testdurchführung:** (Smolenski, Buchmann & Beyer, 2016, S. 274) |
| **Ausgangsstellung:** Der Proband liegt in Rückenlage am Behandlungsliegenrand auf der zu untersuchenden Seite. Die Beine sind zur Beckenfixierung angewinkelt. Die Fußsohlen sind auf der Bank abgestützt. Die Arme liegen entspannt neben dem Körper. Der Kopf ist in Mittelstellung. **Fixation:** Vor Beginn der Bewegung fixiert der Tester durch Zug (kein Druck!) mit dem Unterarm den Thorax in diagonaler Richtung nach kaudal und zur nicht getesteten Seite. **Bewegung:** Der zu testende Arm ist im Schultergelenk abduziert und außenrotiert. Zur Testung des abdominalen Anteils (**M. pectoralis major pars abdominalis**) wird der durch den Tester fixierte und passiv gelagerte (im Ellenbogengelenk gestreckte) Arm nach schräg außen oben bewegt. Der Proband drückt nach dorsal (fußbodenwärts). Zur Testung des kostosternalen Anteils (**M. pectoralis major pars sternalis**) wird der gebeugte (90°-Flexion im Ellenbogengelenk) Arm bei Lagerung in Abduktion und Außenrotation im Schultergelenk nach dorsal (fußbodenwärts) geführt. Zur Testung des klavikulären Anteils (**M. pectoralis pars clavicularis**) hängt der im Ellenbogengelenk gestreckte Arm (im Schultergelenk außenrotiert) entspannt neben der Bank herab, während er vom Tester am Humeruskopf dorsal (fußbodenwärts) bei gleichzeitiger Palpation der (verspannten) Fasern herabgedrückt wird. Zur Testung der **M. pectoralis minor** hängt der im Ellenbogengelenk gestreckte Arm entspannt neben der Bank herab, während er vom Tester am Processus coracoideus dorsal (fußbodenwärts) bei gleichzeitiger Palpation der (verspannten) Fasern herabgedrückt wird. Als Messbereich gilt die Position des Oberarms zur Horizontalen. Ein Abheben des Beckens oder eine LWS-Hyperlordose manipulieren das Testergebnis. → Becken & LWS müssen fixiert bleiben. Durch Aufstellen der angewinkelten Beine kann das Becken weitgehend fixiert werden. Zur Stabilisierung der LWS kann die Anweisung „Bauchmuskeln anspannen" beitragen. |
| **Richtwert bzw. Normwert zur Beurteilung der Beweglichkeit:** |
| Als Normwerte zur Beurteilung der Beweglichkeit des **M. pectoralis major** werden nach Janda Manuelle Muskelfunktionsdiagnostik (Janda, 2000, S. 271; zitiert nach Eifler, 2017, S. 49) und der Neuauflage von Janda Manuelle Muskelfunktionsdiagnostik (Smolinski, Buchmann & Beyer, 2016, S. 274) folgende drei Stufen differenziert: **Stufe 0:** Keine Beweglichkeitsdefizite bzw. keine Verkürzung. Der Oberarm sinkt bis zur Horizontalen. Bei vertikalem Abwärtsdruck gegen das distale Drittel des Oberarms ist es möglich, das Bewegungsausmaß zu vergrößern. Der Arm kommt unter die Horizontalebene. **Stufe 1:** Leichte Beweglichkeitsdefizite bzw. leichte Verkürzung. Der Oberarm erreicht die Horizontale nicht. Mit vertikalem Druck ist es aber möglich, die Horizontale leicht zu erreichen. **Stufe 2:** Deutliche Beweglichkeitsdefizite bzw. deutliche Verkürzung. Der Arm bleibt oberhalb der Horizontalen und es ist sogar passiv nicht möglich. diese zu erreichen. Die Neuauflage von Janda Manuelle Muskelfunktionsdiagnostik (Smolinski, Buchmann & Beyer, 2016, S. 274) unterscheidet für den **M. pectoralis minor** die drei folgenden Stufen: **Stufe 0:** Keine Verkürzung. Die Retraktion des Schultergürtels ist leicht durchführbar. Bei Palpation gibt es keine besondere Dehnung oder Spannung der klavikulären Anteils. **Stufe 1:** Leichte Verkürzung. Die Retraktion ist nur gegen Widerstand schwierig und deshalb mit größerem Druck durchführbar. Bei Palpation ist eine deutliche Verspannung der Muskelfasern tastbar. **Stufe 2:** Deutliche Verkürzung. Die Schulterretraktion ist unmöglich und eine deutliche Verspannung palpierbar, die sogar schmerzhaft sein kann. |
| **Testergebnis für die Brustmuskulatur (M. pectoralis major & M. pectoralis minor):** |
| Die Beweglichkeit des abdominalen Anteils des **M. pectoralis major (pars abdominalis)** wird bilateral mit **Stufe 0** bewertet. Die Beweglichkeit des kostosternalen Anteils des **M. pectoralis major (pars sternalis)** wird bilateral mit **Stufe 0** bewertet. Die Beweglichkeit des klavikulären Anteils des **M. pectoralis major (pars clavicularis)** wird bilateral mit **Stufe 0** bewertet. Unabhängig von Druckrichtung, Druckauflagestelle, Ellenbogengelenkbeugewinkel, Schultergelenkabduktionswinkel, Fixation, Lagerung und Palpation wird beidseitig die Horizontale erreicht bzw. bei stabiler Gelenksicherung sogar übertroffen. Die Beweglichkeit des **M. pectoralis minor** wird bilateral mit **Stufe 0** bewertet. Der Arm konnte bei stabiler Gelenksicherung bis unter die Horizontale bewegt werden. Durch Druck konnte das Bewegungsausmaß noch weiter vergrößert werden. → Für die gesamte **Brustmuskulatur** liegen **beidseitig keine Beweglichkeitsdefizite und keine Verkürzungen** vor. |

Tab. 3: Vereinfachtes Muskelfunktionstestverfahren zur manuellen Muskelfunktionsdiagnostik nach Janda (Smolenski, Buchmann & Beyer, 2016) - Testung des Spannungsverhaltens

| Hüftbeugemuskulatur & Kniestreckmuskulatur (M. iliopsoas, M. rectus femoris, M. tensor fasciae latae & kurze Adduktoren des Oberschenkels (orientierender Test)) |
| --- |
| **Testdurchführung:** (Smolenski, Buchmann & Beyer, 2016, S. 259-263) |
| **Ausgangsstellung:** Rückenlage des Patienten im Steißsitz am Behandlungsliegenrand. Das Becken ist auf der Bank und das Gesäß schließt mit dem Rand der Liege ab. Die Beine sind im Überhang. Der Proband zieht das angewinkelte, nicht zu testende Bein mit den Händen in voller Beugung maximal weit zum Körper gegen die Bauchwand heran, um die Lumballordose auszugleichen (Tester kann Proband hierbei unterstützen). Die Haltung um das Knie ist besser, um einen längeren Hebel zu bekommen. Löst die Beugung Schmerzen aus, ist es günstiger, in der Kniekehle am Oberschenkel zu fixieren. Das andere Bein ist im Überhang. Der Tester beobachtet die Hüftflexion des freien Beines. **Fixation:** Durch Heranziehen des nicht getesteten Beines an den Rumpf. Zusätzlich drückt der Untersuchende das Bein des Patienten an dessen Rumpf heran, damit es in keiner Phase der Untersuchung zur LWS-Lordosierung kommt. Der Zug am angewinkelten Bein bis zur maximalen Hüftflexion stabilisiert Becken und LWS weitgehend. Um eine zusätzliche LWS-Fixierung zu erreichen, schiebt der Tester eine freie Hand unter die LWS des Probanden und lässt diesen Druck gegen die Hand ausüben. **Bewegung:** Das getestete Bein wird für die Testung der **Hüftbeugemuskulatur** passiv in die Lage geführt, in der es entspannt hängt. Die Untersuchung beginnt in der Ausgangsstellung, dann wird durch den Untersuchenden zur Testung des **M. iliopsoas** vertikaler Druck gegen den Oberschenkel, zur Testung des **M. rectus femoris** Druck gegen den Unterschenkel nach dorsal, zur Testung des **M. tensor fasciae latae** Druck gegen den Oberschenkel bei Beckenfixation und zur Testung der **kurzen Adduktoren** Druck gegen den Oberschenkel nach lateral ausgeübt. Als Messbereich bei der Testung der **Hüftbeugemuskulatur** gilt die Position des Oberschenkels im Verhältnis zur Körperlängsachse (Hüftbeugewinkel). Als Messbereich bei der Testung der **Kniestreckmuskulatur** gilt der Winkel zwischen Ober- und Unterschenkel (Kniebeugewinkel). Die Beugung im Kniegelenk darf nicht durch die Auflagefläche behindert werden. Ein Abheben des Beckens oder eine LWS-Hyperlordose manipulieren beide Testergebnisse → Becken und LWS müssen fixiert bleiben. Falls es schon in der Ausgangsstellung zu einer Hyperextension kommt, handelt es sich sehr wahrscheinlich um Hypermobilität. Im Vorfeld soll ein orientierender Test für den M. iliopsoas und M. rectus femoris durchgeführt werden: **Ausgangsstellung:** Bauchlage Beine in der Nullstellung, Füße hängen über das Bankende. **Fixation** des Beckens von dorsal. **Auswertung:** Beim verkürzten **M. iliopsoas** besteht eine Beugestellung in der Hüfte. Unter passiver Flexion des Kniegelenks kommt es bei verkürztem **M. rectus femoris** zur kompensatorischen Flexion in der Hüfte und Vertiefung der Lumballordose. |
| **Richtwert bzw. Normwert zur Beurteilung der Beweglichkeit:** |
| Als Normwerte zur Beurteilung der Beweglichkeit der **Hüftbeugemuskulatur** werden nach Janda Manuelle Muskelfunktionsdiagnostik (Janda, 2000, S. 259; zitiert nach Eifler, 2017, S. 50) und der Neuauflage von Janda Manuelle Muskelfunktionsdiagnostik (Smolinski, Buchmann & Beyer, 2016, S. 259-263) folgende drei Stufen differenziert: **Stufe 0:** Keine Beweglichkeitsdefizite bzw. keine Verkürzung. Oberschenkel horizontal ohne jegliche Deviation. Unterschenkel bei entspannter Muskulatur hängt senkrecht, Patella nur in leichter Lateralstellung. An der Lateralseite des Oberschenkels besteht nur eine ganz leichte Abflachung bzw. Vertiefung. Durch den Druck gegen das distale Drittel des Oberschenkels ist es möglich, den Oberschenkel leicht unter die Horizontale zu bringen und Hyperextension im Hüftgelenk zu erreichen. Durch den Druck gegen das distale Drittel des Unterschenkels ist es leicht möglich, die Kniebeugung zu vergrößern. **Stufe 1:** Leichte Beweglichkeitsdefizite bzw. leichte Verkürzung. Bei leichter Beugestellung im Hüftgelenk ist der **M. iliopsoas** verkürzt. Bei schräg nach vorne gestrecktem Unterschenkel ist der **M. rectus femoris** verkürzt. Bei leichter Abduktion des Oberschenkels und verdeutlichter Vertiefung an der Lateralseite ist der **M. tensor faciae latae** verkürzt. Beim Druck gegen den Oberschenkel ist die Hyperextension möglich. Eine senkrechte Stellung des Unterschenkels durch leichten Druck gegen den Unterschenkel ohne Kompensationsbeugung in der Hüfte ist ebenfalls leicht möglich. **Stufe 2:** Deutliche Beweglichkeitsdefizite bzw. deutliche Verkürzung. Deutliche Beugestellung in der Hüfte. Bei Druck auf das distale Drittel des Oberschenkels in Richtung der Hyperextension ist es unmöglich, die Horizontalstellung zu erreichen = Verkürzung des **M. iliopsoas**. Bei verkürztem **M. rectus femoris** ist der Unterschenkel schräg nach vorn gestreckt. Die obere Patellakante tritt stärker hervor, sodass ihr oberer Rand deutlich tastbar ist. Bei passiver Beugung im Kniegelenk kommt es zur Kompensationsbeugung in der Hüfte. Bei verkürztem **M. tensor fasciae latae** ist der Oberschenkel in Abduktionsstellung. Die Patella ist deutlich lateralwärts verschoben und ihr äußerer Rand deutlich palpierbar. Bei Druck in Adduktionsstellung verdeutlicht sich die Mulde an der Lateralseite des Oberschenkels und das Ausmaß der Adduktion ist stark beschränkt. |

Tab. 3: Vereinfachtes Muskelfunktionstestverfahren zur manuellen Muskelfunktionsdiagnostik nach Janda (Smolenski, Buchmann & Beyer, 2016) - Testung des Spannungsverhaltens

| |
|---|
| **Hüftbeugemuskulatur & Kniestreckmuskulatur (M. iliopsoas, M. rectus femoris, M. tensor fasciae latae & kurze Adduktoren des Oberschenkels (orientierender Test))** |
| **Richtwert bzw. Normwert zur Beurteilung der Beweglichkeit:** |
| Als Normwerte zur Beurteilung der Beweglichkeit der **Kniestreckmuskulatur** werden nach Janda Manuelle Muskelfunktionsdiagnostik (Janda, 2000, S. 259; zitiert nach Eifler, 2017, S. 51) folgende drei Stufen differenziert: **Stufe 0:** Keine Beweglichkeitsdefizite bzw. keine Verkürzung. Der Unterschenkel hängt senkrecht herab. Durch leichten Druck des Testers ist es möglich, die Kniebeugung zu vergrößern. **Stufe 1:** Leichte Beweglichkeitsdefizite bzw. leichte Verkürzung. Der Unterschenkel ist leicht nach vorne gestreckt. Durch leichten Druck des Testers ist es möglich einen 90° Kniebeugewinkel zu erreichen. **Stufe 2:** Deutliche Beweglichkeitsdefizite bzw. deutliche Verkürzung. Der Unterschenkel ist deutlich nach vorne gestreckt. Auch durch Druck des Testers wird ein 90° Kniebeugewinkel nicht erreicht. |
| **Testergebnis für die Hüftbeugemuskulatur & Kniestreckmuskulatur:** |
| Im orientierenden Test für den **M. iliopsoas** und **M. rectus femoris** kommt es bilateral weder zu einer Beugestellung in der Hüfte (→ **vermutlich kein verkürzter M. iliopsoas**) noch unter passiver Flexion des Kniegelenks zur kompensatorischen Flexion in der Hüfte und Vertiefung der Lumballordose (→ **vermutlich kein verkürzter M. rectus femoris**). Im **Haupttest** wird die Beweglichkeit des **M. iliopsoas** bilateral mit **Stufe 0** bewertet. Die Beweglichkeit des **M. rectus femoris** wird bilateral mit **Stufe 0** bewertet. Die Beweglichkeit des **M. tensor fasciae latae** wird bilateral mit **Stufe 0** bewertet. Die Beweglichkeit der **kurzen Adduktoren** wird bilateral mit **Stufe 0** bewertet. Unabhängig von Druckrichtung, Druckauflagestelle und Beckenfixation wird in der Testung der **Hüftbeugemuskulatur** mit dem Oberschenkel die Horizontale ohne jegliche Deviation erreicht, durch leichten Druck sogar unterschritten und somit auch eine Hyperextension im Hüftgelenk erreicht. Der Unterschenkel hängt bei entspannter Muskulatur senkrecht. Die Patella ist dabei nur in leichter Lateralstellung und an der Lateralseite des Oberschenkels besteht nur eine ganz leichte Abflachung bzw. Vertiefung. Auch bei der Testung der **Kniestreckmuskulatur** erreicht der Unterschenkel die Senkrechte und durch leichten Druck des Testers ist es möglich, die Kniebeugung noch zu vergrößern. → Für die **Hüftbeugemuskulatur und Kniestreckmuskulatur** (M. iliopsoas, M. rectus femoris, M. tensor fasciae latae & kurze Adduktoren) liegen **bilateral keine Beweglichkeitsdefizite und keine Verkürzungen** vor. |
| **Kniebeugemuskulatur (Mm. ischiocrurales: M. biceps femoris, M. semitendinosus & M. semimembranosus)** |
| **Testdurchführung:** (Smolenski, Buchmann & Beyer, 2016, S. 264-265) |
| **Ausgangsstellung:** Rückenlage auf der Behandlungsliege. Die Arme liegen längs des Körpers. Das nicht getestete Bein ist im Hüft- und Kniegelenk gebeugt. Der Fuß steht auf der Unterlage. **Fixation:** Das zu testende Beim wird vom Tester im Kniegelenk gestreckt (Nullstellung), wobei die Ferse in der Ellenbeuge liegt (um Rotation zu verhindern) und die Handflächen an der ventralen Seite gegen den distalen Oberschenkel drücken, um die volle Extension im Kniegelenk zu kontrollieren (die Patella bleibt bei der Fixierung frei). Zusätzliche Fixation erfolgt durch Druck des untersuchten Beins auf die Unterlage. **Bewegung:** Mit gehaltenem Bein bei gestrecktem Kniegelenk wird eine Beugung im Hüftgelenk in die maximal mögliche Hüftflexion durchgeführt. Als Messbereich gilt der Winkel zwischen Beinachse und Longitudinalachse (Hüftbeugewinkel). Der Test wird beendet, wenn der Untersucher die Tendenz zur Kniebeugung spürt, wenn es zur Rückkippung des Beckens kommt oder wenn Schmerz in der ischiokruralen Muskulatur auftritt. Ein Abheben des Beckens oder eine LWS-Hyperlordose manipulieren das Testergebnis → Becken und LWS bleiben fixiert. Das zu testende Bein muss gestreckt bleiben und das Gegenbein darf die Ausgangsposition nicht verlassen. |
| **Richtwert bzw. Normwert zur Beurteilung der Beweglichkeit:** |
| Als Normwerte zur Beurteilung der Beweglichkeit der **Kniebeugemuskulatur** werden nach Janda Manuelle Muskelfunktionsdiagnostik (Janda, 2000, S. 262; zitiert nach Eifler, 2017, S. 52) und Neuauflage von Janda Manuelle Muskelfunktionsdiagnostik (Smolinski, Buchmann & Beyer, 2016, S. 264-265) folgende drei Stufen differenziert: **Stufe 0:** Keine Beweglichkeitsdefizite bzw. keine Verkürzung. Die Flexion im Hüftgelenk ist im Ausmaß von 90° möglich. **Stufe 1:** Leichte Beweglichkeitsdefizite bzw. leichte Verkürzung. Die Flexion im Hüftgelenk ist nur bis zwischen 80-90° möglich. **Stufe 2:** Deutliche Beweglichkeitsdefizite bzw. deutliche Verkürzung. Die Flexion ist nur unter 80° möglich. |
| **Testergebnis für die Kniebeugemuskulatur:** |
| Die Beweglichkeit der **Kniebeugemuskulatur** wird bilateral mit **Stufe 2** bewertet. Bilateral tritt bei gestrecktem Kniegelenk bei ca. 70° Hüftbeugung eine Tendenz zur Kniebeugung bzw. ein maximal tolerierbarer Dehnungsschmerz ein. → Für die **Kniebeugemuskulatur** liegen bilateral **deutliche Beweglichkeitsdefizite bzw. deutliche Verkürzungen** vor. |

Tab. 3: Vereinfachtes Muskelfunktionstestverfahren zur manuellen Muskelfunktionsdiagnostik nach Janda (Smolenski, Buchmann & Beyer, 2016) - Testung des Spannungsverhaltens

| **Mm. triceps surae (M. gastrocnemius & M. soleus)** |
| --- |
| **Testdurchführung:** (Smolenski, Buchmann & Beyer, 2016, S. 257) |
| **Ausgangsstellung:** Der Proband nimmt eine Rückenlage auf der Behandlungsliege ein. Das zu testende Bein ist gestreckt und die distale Hälfte des Unterschenkels ragt über das Ende der Liege. **Haltung:** Zwischen Hohlhand und Kleinfinger macht der Untersuchende einen Winkel von 90° und legt die Hand dann an die dorsale Seite des distalen Unterschenkeldrittels. Die Hand wird distalwärts verschoben, bis sie sich mit der Ulnarkante oberhalb der Ferse einhängt. Der Unterarm ist in Verlängerung des Unterschenkels, die Schultern entspannt. Die zweite Hilfshand stützt sich mit dem Daumen genau parallel unter die Fußsohle an der Lateralkante. Die übrigen Finger liegen auf dem Fußrücken. **Zug:** Der Hauptzug greift an der Ferse an und zieht distalwärts. Der Daumen der anderen Hand lenkt den Vorfuß mit leichtem, achsengerechtem Druck zum Schienbein hin (maximale Dorsalextension) und verhindert die seitliche Abweichung. Zur isolierten Testung des **M. soleus** bleiben Ausgangsstellung und Fixation die gleichen. Nach Erreichen der maximalen Dorsalextension wird das Kniegelenk gebeugt und der Tester versucht das Bewegungsausmaß zu vergrößern. Falls das Bewegungsausmaß bei Prüfung mit gestrecktem Bein eingeschränkt war und bei Prüfung nach Kniebeugung gleich oder fast gleich bleibt, handelt es sich um die Verkürzung des **M. soleus.** Falls sich das Bewegungsausmaß danach vergrößert, handelt es sich um die Verkürzung des **M. gastrocnemius.** Bei beiden Testungen sollte der Druck mit dem Daumen am äußeren Fußrand erfolgen. Wird in der Mitte der Fußsohle gedrückt, kann es zu einer reflektorischen Anspannung der Mm. Triceps surae kommen, welche das Testergebnis verfälscht. |
| **Richtwert bzw. Normwert zur Beurteilung der Beweglichkeit:** |
| Die Testauswertung kann differenziert nach M. triceps surae im Verbund und M. soleus isoliert erfolgen. Als Normwerte zur Beurteilung der Beweglichkeit der **Wadenmuskulatur** werden nach Janda Manuelle Muskelfunktionsdiagnostik (Janda, 2000, S. 255; zitiert nach Eifler, 2017, S. 53-54) und der Neuauflage von Janda Manuelle Muskelfunktionsdiagnostik (Smolinski, Buchmann & Beyer, 2016, S. 257-258) folgende drei Stufen differenziert: **Stufe 0:** Keine Beweglichkeitsdefizite bzw. keine Verkürzung. Eine Dorsalextension ist mindestens bis zur 0°-Stellung möglich (90° zwischen Fuß und Unterschenkel). **Stufe 1:** Leichte Beweglichkeitsdefizite bzw. leichte Verkürzung. Die 0°-Stellung wird nicht erreicht. Die Dorsalextension ist aber möglich. **Stufe 2:** Deutliche Beweglichkeitsdefizite bzw. deutliche Verkürzung. Eine Dorsalextension ist nur bis 10° unterhalb der 0°-Stellung möglich. |
| **Testergebnis für die Wadenmuskulatur (M. gastrocnemius & M. soleus):** |
| Die Beweglichkeit der **Mm. Triceps surae** im Verbund (M. gastrocnemius und M. soleus gemeinsam) wird bilateral mit **Stufe 0** bewertet. Eine Dorsalextension ist bei gestrecktem Kniegelenk bis zur 0°-Stellung möglich. Bei isolierter Testung des **M. soleus** kann das Bewegungsausmaß bilateral noch vergrößert werden. → Für die gesamte **Wadenmuskulatur (M. gastrocnemius & M. soleus)** liegen **beidseitig keine Beweglichkeitsdefizite und keine Verkürzungen** vor. |
| **Abschließende Interpretation der Testergebnisse (bzw. des Beweglichkeitsstatus)** |
| Die Beweglichkeit der von **M. pectoralis major** und **M. pectoralis minor** wird bilateral mit Stufe 0 bewertet. Das Beweglichkeitsausmaß ist bei stabiler Gelenksicherung und Schmerzfreiheit als gut zu bewerten. Die Dehnfähigkeit der Brustmuskulatur ist lediglich zu erhalten. Die Beweglichkeit der **Hüftbeugemuskulatur und Kniestreckmuskulatur (M. iliopsoas, M. rectus femoris, M. tensor fasciae latae & kurze Adduktoren)** weist im Vortest sowie auch im Haupttest keine Beweglichkeitsdefizite bzw. Verkürzungen auf und wird bilateral mit Stufe 0 bewertet. Das Beweglichkeitsausmaß ist bei stabiler Gelenksicherung und Schmerzfreiheit als gut zu bewerten. Die Dehnfähigkeit der Hüftbeuge- und Kniestreckmuskulatur ist lediglich zu erhalten. Der Beweglichkeit der **Mm. Ischiocrurales** gilt das Hauptaugenmerk bei der Interpretation des Beweglichkeitsstatus, da hier ein deutliches Beweglichkeitsdefizit der Muskulatur mit erhöhter Ruhespannung (Wiemann, Klee & Stratmann, 1998, S. 111) festzustellen ist → „muskuläre Disbalance" (Janda, 1986), „neuromuskuläre Dysbalance" (Freiwald & Engelhard, 1999) bzw. „arthro-neuromuskuläre Dysbalance" (Wydra, Glück & Roemer, 1999) und Hypomobilität (Spring et al., 1997). Bilateral tritt, bei einem Hüftbeugewinkel von 70°, eine maximal tolerierbare Schmerztoleranz, respektive eine unwillkürliche Kniebeugung, auf. Das Bewegungsausmaß bzw. die Dehnfähigkeit wird mit Stufe 2 bewertet, was einen Bedarf zur Verbesserung der Dehnfähigkeit der Mm. ischiocrurales durch ein Beweglichkeitstraining aufzeigt. Die Beweglichkeit der **Wadenmuskulatur (Mm. triceps surae: M. gastrocnemius & M. soleus)** wird sowohl bei Testung im Verbund als auch bei isolierter Testung des M. soleus beidseitig mit Stufe 0 bewertet. Das Beweglichkeitsausmaß ist bei stabiler Gelenksicherung und -stellung der beteiligten Gelenke und Schmerzfreiheit unter Dehnung als gut zu bewerten. Die Dehnfähigkeit der Wadenmuskulatur ist lediglich zu erhalten. |

# 3 Trainingsplanung Beweglichkeitstraining

## 3.1 Makrozyklusplanung des Beweglichkeitstrainings

Tab. 4: Makrozyklusplanung Beweglichkeitstraining

| Makrozyklusplanung Beweglichkeitstraining (45 Minuten) |
| --- |
| **Trainingsziele:** Verbesserung der Dehnbarkeit der gelenkumgebenden Gewebe (Schnabel, Harre, Borde, 1997, S. 230), Ausschöpfung der maximalen Bewegungsreichweite und Erhöhung der maximalen Dehnungsschmerzresistenz |
| **Belastungsgefüge:** Aufgrund des zeitlichen Verfügungsrahmens wird ein Minimalprogramm für ein Beweglichkeits- training geplant. Hierfür werden **3 Einheiten pro Woche** (Rancour, Holmes & Cipriani, 2009), bei **3 Serien** (Reis & Eifler, 2015, S. 119) und **45 Sekunden** Dauer (Schönthaler & Ohlendorf, 2002) bzw. **10 Wiederholungen** (Glück, 2005) geplant. Anvisierte Dehnintensität ist die **maximal tolerierbare subjektive Schmerzgrenze** (Marschall, 1999). Die Durchführung des allgemeinen, ganzheitlichen Dehnprogramms dauert **40 Minuten**. Die Dehnung von Beckengür- tel und unteren Extremitäten dauert 20 Minuten und die Dehnung von wirbelsäulenstabilisierender Muskulatur und Schultergürtel mit oberen Extremitäten jeweils 7 Minuten. Der **Schwerpunkt** liegt auf den **Mm. ischiocrurales** und den **Adduktoren**. Alle Dehnpositionen werden langsam und kontrolliert (→ kein Dehnungsreflex) in direkter Eigendeh- nung eingenommen, da durch direkte Handlungsregulation (Glück, 2005) die größten Verbesserungen der maximalen Bewegungsreichweite der Muskel-Gelenk-Systeme zu erwarten sind (Glück, Schwarz, Hoffmann & Wydra, 2002). |
| **Begründung & Bezugnahme zur Person, Leistungs-, Gesundheits- und Beweglichkeitsstatus:** |
| **Allgemein:** Durch langanhaltende Dehnung kommt es zu einer linearen Ausrichtung der Kollagenfasern (Oliver, Mar- schall & Büsch, 2008, S. 235). Titinfilamente sind sie Quelle der Ruhespannung (Wiemann, Klee & Stratmann, 1998), erst bei hoher Dehnungsspannung (→ hohe Dehnintensität) wird auch das viskoelastische Bindegewebe einbezogen. |
| **Beckengürtel mit den unteren Extremitäten (20 Minuten → Schwerpunkt)** |
| Der Schwerpunkt liegt auf der Steigerung der Dehnfähigkeit der Muskulatur des Beckengürtels und der unteren Extre- mitäten, insbesondere der **Mm. ischiocrurales** und der **Adduktoren**. Diese haben besondere Erfolgsrelevanz im Sport „WAKO-Kickboxen" und werden hierbei stark beansprucht. Die Muskulatur des Beckengürtels und der unteren Extremitäten wurde bisher nur statisch gedehnt. Daher kommt in der Übungsauswahl eine dynamische Muskelarbeits- weise zum Einsatz. Da eine sehr hohe Dehnintensität an der maximal tolerierbaren subjektiven Schmerzschwelle (Marschall, 1999) angestrebt wird, wird eine passive Dehnform (→ keine autogene Eigenhemmung) bevorzugt. |
| **Schwerpunkt: Mm. ischiocrurales und Adduktoren (jewels 1 Minute und 15 Sekunden pro Übung)** |
| Für die Durchführung von Tritttechniken im Kickboxen ist besonders die Beweglichkeit der **Adduktoren** entscheidend. Der **Kniebeugmuskulatur** gilt besonderes Augenmerk, da hier im Rahmen der manuellen Muskelfunktionsdiagnostik (Smolenski, Buchmann & Beyer, 2016) ein **bilaterales Beweglichkeitsdefizit (Stufe 2)** festgestellt wurde. Die Dehn- spannung der Muskelgruppen soll durch **postisometrische Dehnung** kurzfristig optimal (Wydra, 1997) gesenkt wer- den. Für diese Methodik wird zunächst eine leichte Dehnposition eingenommen. Anschließend wird die zu dehnende Muskulatur für **10 Sekunden isometrisch kontrahiert**. Unmittelbar nach der Kontraktion wird die Muskulatur für **3 Sekunden völlig entspannt**. Anschließend wird die Dehnposition bei maximalem Dehnreiz **passiv** eingenommen und **für 20 Sekunden statisch gehalten** (Hohmann, Lames & Letzelter, 2002, S. 100; Sölveborn, 1983, S. 13; Knebel, 1985, S. 59). Dieser Wechsel von isometrischer Kontraktion und Dehnung im Wechsel wiederholt. Insgesamt sollen auch hierbei **drei Serien** absolviert werden bei einer **Gesamtzeit von einer Minute und 15 Sekunden**. |
| **Wirbelsäulenstabilisierende Muskulatur (7 Minuten)** |
| Die Dehnung der wirbelsäulenstabilisierenden Muskulatur erfolgt bei **statischer Arbeitsweise**, um eine stabilisierende Kontraktion der Fascia Thoracolumbalis (Schleip, Klinger & Lehmann-Horn, 2005), unabhängig vom Zentralen Nerven- system innerviert (Masi, Nair, Evans & Ghandour, 2010), möglichst zu vermeiden. Für Mm. erector spinae wird eine **aktive Dehnform** und für die Obliquuen eine **passive Dehnform** (Schönthaler & Ohlendorf, 2002) gewählt. |
| **Schultergürtel mit den oberen Extremitäten (7 Minuten)** |
| Die Dehnung des Schultergürtels und der oberen Extremitäten konzentriert sich auf die sportartbedingt häufig ver- spannte Brust- & Nackenmuskulatur. Da zuletzt eine dynamische Arbeitsweise zum Einsatz kam, wird eine **aktive Dehnform** (begünstigt durch reziproke Antagonistenhemmung) **bei statischer Arbeitsweise** der Muskulatur gewählt. |

# 3.2 Übungsauswahl des Beweglichkeitstraining

Tab. 5: Übungsauswahl des Beweglichkeitstrainings

| Übungsauswahl | |
|---|---|
| **Beckengürtel mit den unteren Extremitäten (20 Minuten → Schwerpunkt)** | |
| **Dehnübung, beanspruchtes Muskel-Gelenk-System und anvisierte Zielmuskulatur** | **Durchführung der Dehnübung, Dehnmethode, Dehnform und Arbeitsweise der Zielmuskulatur** (Schönthaler & Ohlendorf, 2002, S. 20) |
| **1. Dehnung der Wadenmuskulatur im Stand:** 3 Serien a 10 Wiederholungen (jeweils 4 Sek.) 5 Sekunden Pause (seitenalternierend → $\sum 4\frac{1}{2}$ Minuten Übungsdauer) **Muskel-Gelenk-System: Kniegelenk** (M. gastrocnemius) und **oberes Sprunggelenk** (gesamte Zielmuskulatur) **Zielmuskulatur: Mm. triceps surae** (M. gastrocnemius und M. soleus) | **Ausgansstellung:** Im Stand wird ein Bein gestreckt nach hinten gestellt und mit der ganzen Fußsohle auf dem Boden aufgesetzt. Das vordere Bein ist im Kniegelenk gebeugt. Der Oberkörper wird leicht nach vorne gebeugt. Oberkörper und Oberschenkel des hinteren Beins bilden eine Linie. Die Zehen beider Füße zeigen parallel nach vorne. **Durchführung:** Die Dehnposition wird eingenommen, indem durch eine Beugung im vorderen Bein der Körperschwerpunkt vertikal nach vorne unten verlagert wird und dadurch die Dorsalextension im hinteren Bein vergrößert wird. Für die dynamische Durchführung wird das vordere Bein im Wechsel wieder leicht gestreckt und gebeugt, d.h. die Dehnposition wird etwas gelöst und erneut eingenommen. Die Dehnposition wird verlassen, indem durch eine Streckung im vorderen Bein der Körperschwerpunkt vertikal nach oben verlagert wird und dadurch die Dorsalextension im hinteren Bein verkleinert wird. Dann wird das vordere Bein zurück nach hinten gestellt, sodass die Ausgangsposition wieder erreicht ist. **Dehnmethode: Passive** Dehnform bei **dynamischer** Arbeitsweise der Mm. triceps surae |
| **2. Dehnung der rückseitigen Oberschenkelmuskulatur im Stand:** 3 Serien (seitenalternierend → $\sum 1\frac{1}{4}$ Minuten Übungsdauer) **Muskel-Gelenk-System: Kniegelenk** (gesamte Zielmuskulatur) und **Hüftgelenk** (M. biceps femoris caput longum, M. semitendinosus & M. semimembranosus) **Zielmuskulatur: Mm. Ischiocrurales:** (M. biceps femoris, M. semitendinosus und M. semimembranosus) | **Ausgangsstellung:** Im Stand werden die Beine zuerst leicht gebeugt und das Gesäß etwas nach hinten unten abgesenkt. **Durchführung:** Ein Bein wird nach vorne in einer leichten Schrittstellung aufgesetzt und gestreckt. Das hintere Bein bleibt gebeugt. Die Dehnposition wird eingenommen, indem der Oberkörper gestreckt leicht nach vorne geneigt und das Becken gekippt wird. Für die dynamische Durchführung wird im Wechsel das Becken aufgerichtet, um die Dehnposition etwas zu lösen und anschließend das Becken wieder gekippt. Die Dehnposition wird verlassen, indem der Oberkörper aufgerichtet und das vordere Bein zurück neben das hintere Bein in die Ausgangsstellung gestellt wird. **Postisometrische Dehnung: 3 Serien (10 Sek. isometrische Kontraktion, 3 Sek. Entspannung, 20 Sek. passive, statische Dehnung)** |
| **3. Dehnung der vorderseitigen Oberschenkelmuskulatur im Stand:** 3 Serien a 10 Wiederholungen (jeweils 4 Sek.) 5 Sekunden Pause (seitenalternierend → $\sum 4\frac{1}{2}$ Minuten Übungsdauer) **Muskel-Gelenk-System: Kniegelenk** (gesamte Zielmuskulatur) und **Hüftgelenk** (M. rectus femoris) **Zielmuskulatur:** M. quadriceps femoris: (M. rectus femoris, vastus lateralis, vastus medialis und vastus intermedius) | **Ausgangsstellung:** Im Stand wird mit einer Hand das gleichseitige, gebeugte Bein am Unterschenkel, knapp über den Sprunggelenken umfasst, sodass sich die Ferse auf Höhe des Gesäßes befindet. **Durchführung:** Die Dehnposition wird eingenommen, indem das Becken gekippt und die Ferse maximal zum Gesäß gezogen wird. Der freie Arm kann dabei den Oberkörper ausbalancieren. Beide Oberschenkel verlaufen während der Übungsausführung parallel zueinander. Das Knie des gedehnten Beins zeigt vertikal nach unten Das Standbein bleibt leicht gebeugt. Für die dynamische Durchführung wird im Wechsel das Becken aufgerichtet und wieder gekippt. Die Dehnposition wird verlassen, indem das gebeugte Bein wieder auf dem Boden aufgestellt wird, sodass die Ausgangsposition erreicht wird. **Dehnmethode: Passive** Dehnform bei **dynamischer** Arbeitsweise des M. quadriceps femoris |

Tab. 5: Übungsauswahl des Beweglichkeitstrainings

| Übungsauswahl | |
|---|---|
| **Beckengürtel mit den unteren Extremitäten (20 Minuten → Schwerpunkt)** | |
| **Dehnübung, beanspruchtes Muskel-Gelenk-System und anvisierte Zielmuskulatur** | **Durchführung der Dehnübung, Dehnmethode, Dehnform und Arbeitsweise der Zielmuskulatur** (Schönthaler & Ohlendorf, 2002, S. 20) |
| **4. Dehnung der Hüftbeugemuskulatur im Kniestand:** **3 Serien a 10 Wiederholungen (jeweils 4 Sek.) 5 Sekunden Pause** (seitenalternierend → $\sum 4\frac{1}{2}$ **Minuten** Übungsdauer) **Muskel-Gelenk-System:** **Hüftgelenk** (gesamte Zielmuskulatur) **Zielmuskulatur:** M. iliopsoas & M. rectus femoris | **Ausgangsstellung:** Im Kniestand wird ein Bein vor dem Körper auf den ganzen Fuß aufgestellt, so dass das vordere Bein im Kniestand gebeugt ist und der Fuß vor dem Knie steht. Das hintere Bein liegt mit dem Knie und dem kompletten Unterschenkel auf dem Boden auf. Der Oberkörper wird aufrecht mit den Händen auf dem vorderen Bein abgestützt. **Durchführung:** Die Dehnposition wird eingenommen, indem der Körperschwerpunkt nach vorne unten verlagert und das Becken abgesenkt wird. Der Oberkörper bleibt während der gesamten Bewegung aufrecht. Für die dynamische Durchführung wird der Körperschwerpunkt abwechselnd leicht nach hinten oben angehoben und wieder nach unten abgesenkt. Die Dehnposition wird verlassen, indem der Körperschwerpunkt nach hinten oben angehoben, das vordere Bein zurück nach hinten genommen und die Ausgangsposition wieder eingenommen wird. **Dehnmethode: Passive** Dehnform bei **dynamischer** Arbeitsweise von M. iliopsoas und M. rectus femoris |
| **5. Dehnung der medialen Oberschenkelmuskulatur (Adduktoren) in Sitzposition:** **3 Serien** ($\sum 1\frac{1}{4}$ **Minuten** Übungsdauer) **Muskel-Gelenk-System:** **Hüftgelenk** (gesamte Zielmuskulatur) **Zielmuskulatur:** M. adductor brevis, M. adductor longus, M. adductor magnus, M. gracilis und M. pectineus | **Ausgangsstellung:** In der Sitzposition stützen die Arme den Oberkörper nach hinten ab. Die Beine werden gestreckt vor dem Körper platziert. **Durchführung:** Die Dehnposition wird eingenommen, indem die Beine möglichst weit nach außen gespreizt werden. Die Dehnung soll zusätzlich verstärkt werden, indem der Oberkörper nach vorne geneigt bzw. das Hüftgelenk gekippt wird. Der Rücken bleibt dabei permanent gerade. Für die dynamische Durchführung wird der Oberkörper abwechseln nach vorne geneigt bzw. das Hüftgelenk gekippt und wieder aufgerichtet. Die Dehnposition wird verlassen, indem das Becken aufgerichtet wird und die Beine wieder zur Mitte hin geschlossen werden. **Dehnmethode: Postisometrische Dehnung:** **3 Serien (10 Sek. isometrische Kontraktion, 3 Sek. Entspannung, 20 Sek. passive, statische Dehnung)** |
| **6. Dehnung der Gesäßmuskulatur in Rückenlage:** **3 Serien a 10 Wiederholungen (jeweils 4 Sek.) 5 Sekunden Pause** (seitenalternierend → $\sum 4\frac{1}{2}$ **Minuten** Übungsdauer) **Muskel-Gelenk-System:** **Hüftgelenk** (gesamte Zielmuskulatur) **Zielmuskulatur:** M. glutaeus maximus, M. glutaeus medius und M. glutaeus minimus | **Ausgangsstellung:** In Rückenlage wird ein Bein mit gebeugtem Kniegelenk auf dem Boden aufgestellt. Das andere Bein wird in der Hüfte nach außen rotiert und mit dem Unterschenkel an der Oberschenkelvorderseite des Stützbeins platziert. **Durchführung:** Die Dehnposition wird eingenommen, indem das Stützbein mit beiden Händen an der Oberschenkelrückseite ergriffen und zum Oberkörper gezogen wird. Hierbei hängt der Unterschenkel des Stützbeins locker nach unten. Für die dynamische Durchführung der Dehnung wird der Zug am Bein abwechselnd etwas gelöst und wieder verstärkt. Die Dehnposition wird verlassen, indem das Stützbein und das aufliegende Bein nacheinander auf dem Boden abgestellt werden. **Dehnmethode: Passive** Dehnform bei **dynamischer** Arbeitsweise von M. glutaeus maximus, M. glutaeus medius und M. glutaeus minimus |

Tab. 5: Übungsauswahl des Beweglichkeitstrainings

| Übungsauswahl | |
|---|---|
| **Wirbelsäulenstabilisierende Muskulatur (7 Minuten)** | |
| Dehnübung, beanspruchtes Muskel-Gelenk-System und anvisierte Zielmuskulatur | Durchführung der Dehnübung, Dehnmethode, Dehnform und Arbeitsweise der Zielmuskulatur (Schönthaler & Ohlendorf, 2002, S. 20) |
| **7. Dehnung der Rückenstrecker im Vierfüßlerstand (Katzenbuckel):** <br> 3 Serien a 45 Sekunden <br> ($\sum 2\frac{1}{4}$ Minuten Übungsdauer) <br> **Muskel-Gelenk-System:** <br> **Wirbelsäule** (gesamte Zielmuskulatur) <br> Zielmuskulatur: <br> Mm. erector spinae: <br> (Mm. intertransversarii, Mm. interspinales, Mm. rotatores, Mm. semispinales, Mm. multifidi, Mm. iliocostales, Mm. longissimi und Mm. spinales) | **Ausgangsstellung:** Vierfüßlerstand. <br> **Durchführung:** Die Dehnposition wird eingenommen, indem die Bauchmuskulatur aktiv angespannt wird und die Wirbelsäule im Rahmen ihrer physiologischen Bewegungsspielraums nach oben gewölbt wird. <br> Für die statische Durchführung der Dehnung wird diese Position gehalten. <br> **Dehnmethode: Aktive** Dehnform bei **statischer** Arbeitsweise der Mm. erector spinae |
| **8. Dehnung der seitlichen Rumpfmuskulatur in Rückenlage:** <br> 3 Serien a 45 Sekunden <br> (Dreh-Dehn-Lagerung) <br> (seitenalternierend → $\sum 4\frac{1}{2}$ Minuten Übungsdauer) <br> **Muskel-Gelenk-System:** <br> **Wirbelsäule** <br> Zielmuskulatur: <br> M. obliquus externus und M. obliquus internus | **Ausgangsstellung:** In Rückenlage werden die Beine im Kniegelenk angewinkelt. <br> Die Arme liegen 90° abgespreizt vom Körper am Boden. <br> **Durchführung:** Die Dehnposition wird eingenommen, indem die angewinkelten Beine nacheinander zur Seite auf den Boden abgelegt werden. Der Schultergürtel liegt bei dieser Bewegungsausführung permanent komplett auf dem Boden auf. <br> Für die statische Durchführung der Dehnung wird diese Position gehalten. <br> **Dehnmethode: Passive** Dehnform bei **statischer** Arbeitsweise von M. obliquus externus und M. obliquus internus |
| **Schultergürtel mit den oberen Extremitäten (7 Minuten)** | |
| Dehnübung, beanspruchtes Muskel-Gelenk-System und anvisierte Zielmuskulatur | Durchführung der Dehnübung, Dehnmethode, Dehnform und Arbeitsweise der Zielmuskulatur (Schönthaler & Ohlendorf, 2002, S. 20) |
| **9. Dehnung der Brustmuskulatur im Stand:** <br> 3 Serien a 45 Sekunden <br> ($\sum 2\frac{1}{4}$ Minuten Übungsdauer) <br> **Muskel-Gelenk-System:** <br> **Schultergelenk** (gesamte Zielmuskulatur) <br> Zielmuskulatur: <br> M. pectoralis major, M. biceps brachii und M. deltoideus pars clavicularis | **Ausgangsstellung:** Im Stand werden die Hände hinter dem Kopf verschränkt. Die Handflächen zeigen nach hinten. <br> **Durchführung:** Die Dehnposition wird eingenommen, indem die gestreckten Arme aktiv nach oben angehoben werden. Die Oberkörperhaltung bleibt dabei unverändert aufrecht, die Schultern tief. Für die statische Durchführung der Dehnung wird diese Position gehalten. <br> **Dehnmethode: Aktive** Dehnform bei **statischer** Arbeitsweise von M. pectoralis major, M. biceps brachii und M. deltoideus pars clavicularis |
| **10. Dehnung der Nackenmuskulatur im Stand:** <br> 3 Serien a 45 Sekunden <br> (seitenalternierend → $\sum 4\frac{1}{2}$ Minuten Übungsdauer) <br> **Muskel-Gelenk-System:** <br> **Schultergürtel & HWS** <br> Zielmuskulatur: <br> M. trapezius pars descendens | **Ausgangsstellung:** Im Stand wird der Kopf zur Seite geneigt, wobei die Blickrichtung nach vorne gerichtet bleibt. <br> **Durchführung:** Die Dehnposition wird eingenommen, indem die zur Kopfneigung gegenüberliegende Schulter aktiv nach unten gezogen wird. Für die statische Durchführung der Dehnung wird diese Position gehalten. <br> **Dehnmethode: Aktive** Dehnform bei **statischer** Arbeitsweise vom M. trapezius pars descendens |

# 4  Trainingsplanung Koordinationstraining

Tab. 6: Trainingsplanung Koordinationstraining

| Makrozyklusplanung sportartspezifisches Gleichgewichtstraining |
| --- |
| **Trainingszielsetzung:** Verbesserung der dynamischen Gleichgewichtsfähigkeit (Chwinkowski, 2006, S. 10-11; Hirtz, 2007, S. 220-222), der koordinativ-propriozeptiven Leistungsfähigkeit bzw. Propriozeption (Quante & Hille, 1999), der sportlichen Wettkampfleistung, der sportartspezifischen, aktiven Beweglichkeit und der speziellen Koordination |
| **Konzeption:** Die Koordinationstrainingsplanung gestaltet sich schwerpunktmäßig als sportartspezifisches Training der **dynamischen Gleichgewichtsfähigkeit** bei den für die Sportart „Pointfighting" wichtigsten Einzeltritttechniken bzw. gezielten Bewegungsabläufen (Hollmann & Hettinger, 2000, S. 143): **vorderer Seitkick und vorderer Halbkreiskick.** Beide Ganzkörperbewegungshandlungen sind inkonsistente und höchstkomplexe Bewegungsaufgaben mit hohem koordinativen, psychomotorischen und kognitiven Anspruch bei sehr kurzer Dauer (unter ca. 250 msec pro Phase), eingeschränkter Möglichkeit zur Realisierung von Bewegungsanpassungen (Oliver & Rockmann, 2003, S.123) und ohne Möglichkeit eines sensorischen Feedbacks → offene Steuerkette bzw. „open loop" (Loosch, 1999, S. 55). |
| Begründung & Bezugnahme zu Trainingszielen, Leistungs- & Gesundheitsstatus |
| Der Klient soll die fehlerfreien, harmonischen und ökonomischen Einzeltechniken bei hoher Bewegungspräzision und -konstanz auf Feinkoordinationsniveau stabilisieren (3. Lernphase) und das Gleichgewicht unter erschwerenden Störeinwirkungen, auf Basis statico-dynamischer und kinästhetischer Informationen, halten und wiederherstellen lernen. Schon die einzelnen Bewegungshandlungen erfordern ein hohes Maß der speziellen koordinativen Fähigkeit, das Gleichgewicht bei sehr labilen Gleichgewichtsverhältnissen zu halten und wiederherzustellen, und permanente Anpassung der Bewegungen an wechselnde Umweltbedingungen (Wettkampfsituationen und Gegnerverhalten), gerade da der Sportler bei der Ausführung der Bewegungshandlungen in Wettkampfsituationen meist durch gegnerisches Verhalten (im Training simuliert durch Destabilisierung) gestört wird. Die durch die Übungsreihen schwerpunktmäßig geschulten speziellen koordinativen Fähigkeiten sind die Gleichgewichtsfähigkeit und die Anpassungs- und Umstellungsfähigkeit (Chwilkowski, 2006, S. 10-11). Gleichzeitig soll es zu einer Verbesserung der Differenzierungs- und Steuerungsfähigkeit (Chwilkowski, 2006, S. 10-11) durch feindifferenzierte, dosierte und ökonomische muskuläre Krafteinsätze bei den Bewegungshandlungen, gesteuert auf Basis von kinästhetischen Informationen (Propriozeption), kommen, da der Sportler im Wettkampf regelmäßig nicht in der Lage sein wird die Aufmerksamkeit auf das eigene Gleichgewicht zu richten. Auch die Kombinations- und Kopplungsfähigkeit (Chwilkowski, 2006, S. 10-11) soll weiter ausgebildet werden durch sukzessive Kombination der Teilbewegungen in ihrem zeitlichen, räumlichen und dynamischen Ablauf (4 Phasen der Einzeltechniken) und der Technik des „Reingleitens" auch bei erschwerten Situationsbedingungen. |
| **Methodik:** Der systematische Aufbau der Übungsauswahl besteht aus zwei methodisch-didaktischen Übungsreihen. Übergeordnetes Trainingsprinzip ist das Prinzip der progressiven Belastungssteigerung nach dem „Specific Adaption to Imposed Demand"-Prinzip (ACSM, 2013). Die Anforderung an die Gleichgewichtsfähigkeit, bei schwerpunktmäßiger Information durch Analyse des motorischen Gedächtnis nach der Bewegung (Schnabel, Krug & Panzer, 2007, S. 38) über den optischen, statico-dynamischen und kinästhetischen Analysator (Chwilkowski, 2006, S. 58-59), wird durch Bewegungsaufgaben mit ansteigendem Organisations- und Variablitätsdruck (Neumaier & Mechling, 1994) progressiv gesteigert. Unter dem Gesichtspunkt der Bewegungsverwandschaft wurden die Übungsreihen so zusammengesetzt, dass ein möglichst positiver Transfer der Bewegungen auf das Erlernen der motorischen Fertigkeit (Zielübung) (Größing, 1997, S. 189) und die Aneignung eines bestimmten Ausprägungsgrades motorischer Eigenschaften (Feinstkoordination und Verbesserung der Gleichgewichtsfähigkeit) (Fetz, 1996, S. 154) stattfinden kann. Nach dem methodisch-didaktischen Prinzip der graduellen Annäherung wird sich von der gekonnten Bewegungshandlung ausgehend stufenweise an die Zielübung herangearbeitet (Größing, 1997, 190-191). Die Zerlegung der Zielübungen in 4 Phasen beruht auf dem methodisch-didaktischen Prinzip der Aufgliederung in funktionelle Teileinheiten (Größing, 1997, S. 190-191). Die Wegnahme der Stabilisierung mittels des TRX®-Trainers folgt dem methodisch-didaktischen Prinzip der verminderten Lernhilfe (Größing, 1997, S. 189), wonach die Lernhilfen im Übungsreihenverlauf sukzessive abgebaut werden. |
| **Belastungsgefüge:** Im Rahmen der Belastungsparameter für propriozeptives Training (Chwilkowski, 2006, S. 61; Häfelinger & Schuba, 2007, S. 61) orientiert sich die Belastungsdosierung an Anzeichen neuromuskulärer Ermüdung und nach dem SAID-Prinzip am sportartspezifischen Wettkampf: **3 Einheiten** pro Woche bei **einer Serie pro Seite** und Übung ($\sum$ **2 Serien**), 15 **Wiederholungen** (4 Sek.) pro Serie ( → max. 1 Min) und **1 Minute** Pause ($\sum$ **40 Min.**). |

## Tab. 6: Trainingsplanung Koordinationstraining

| |
|---|
| **Hilfsmittel / Kleingeräte: Airex®-Kissen** (balance pad XLarge, Airex AG, Sins), **TRX®-Suspension Trainer** (TRX Pro®, Transatlantic Fitness GmbH, Gräfelfing), **Deuserband®** (Deuser GmbH & Co. KG, Solingen) **& großer Boxsack** |
| **Übungsauswahl: Übungsreihe I : vorderer Seitkick** |
| **1. vorderer Seitkick auf dem Airex®-Kissen** auf Bauchhöhe **mit stabilisierendem Griff** in einen **TRX®- Trainer** |
| **Ausgangsstellung: Seitliche Kampfstellung** in Pointfightingauslage (stabiler Stand, seitlich zur Treffrichtung, bei Standbreite in doppelter Schulterbreite, und minimal gebeugter Knie- und Hüftstellung. Das Körpergewicht liegt zu 30% auf dem vorderen Bein und zu 70% auf dem Standbein, die Füße sind dabei leicht außenrotiert). **Durchführung:** Bei seitlicher Bein- und Hüftstellung sind Oberkörper und Kopf in Trittrichtung rotiert, der Griff in den Suspension Trainer erfolgt bei gebeugten Armen auf Brusthöhe. Das Airex®-Kissen erhöht die Anforderung an die Gleichgewichtsfähigkeit durch provozierte Instabilität. **Technikbeschreibung: 4 Phasen des vorderern Seitkicks: 1. Anziehen der vorderen Kickbeines** zur gegenüberliegenden Schulter bei maximaler Hüftflexion und -abduktion. Das Gewicht wird auf das außenrotierte, leicht gebeugte, hintere Standbein verlagert. Das Knie ist höchster Punkt des Beines, Fuß und Zehen sind maximal angezogen, wobei die Trefferfläche (Ferse) den höchsten Punkt des Fußes darstellt. Der Oberkörper bleibt möglichst aufrecht. **2. Durchstrecken von Hüft- und Kniegelenk,** bei maximalem Kraftstoß aus kombiniertem Krafteinsatz von Gluteal-, und Beinstreckermuskulatur. Die Hüfte ist hierbei maximal gestreckt und abduziert. Getroffen wird mit dem Spann bei gestrecktem Fuß. **3. Sicherungsphase** durch Zurückziehen des Kickbeines durch maximale Hüft- und Knieflexion und Rückkehr zur „angezogenen Positionierung", wie bei Phase 1 beschrieben. **4. Absetzen des Kickbeines in die seitliche Kampfstellung:** Rückkehr zur Ausgangsposition. |
| **2. vorderer Seitkick auf dem „Airex®-Kissen"** auf Kopfhöhe **ohne stabilisierenden Griff** in einen **TRX®-Trainer** |
| **Ausgangsstellung: Seitliche Kampfstellung** in Pointfightingauslage (Übung 1). **Durchführung:** Bei seitlicher Bein- und Hüftstellung sind Oberkörper und Kopf in Trittrichtung rotiert, wobei die Pointfighting-Deckung (die vordere Faust schützt das dem Rücken zugewandte Jochbein, der vordere Ellbogen die vordere „kurze Rippe" und die hintere Faust schützt das dem Bauch zugewandte Jochbein und der hintere Ellbogen den Solar Plexus) gehalten wird. Es werden die **4 Phasen des vorderen Seitkicks in die Luft bei Trefferhöhe zum Kopf** durchgeführt **ohne Unterstützung** des stabilisierenden Griffs in den Suspension Trainer. Die Gleichgewichtsanforderung der Bewegungsaufgabe wird durch den Stand auf dem **Airex®-Kissen** gesteigert, die Lernhilfe entfällt. |
| **3. vorderer Seitkick mit Reingleiten** in die Kickdistanz **und Treffen eines Sandsackes auf Bauchhöhe** |
| **Ausgangsstellung: Seitliche Kampfstellung** in Pointfightingauslage (Übung 1). **Durchführung:** Bei stabiler Pointfighting-Deckung (Übung 2) werden die **4 Phasen des vorderern Seitkicks mit Treffen auf einen Sandsack bei Trefferhöhe zum Bauch** durchgeführt, wobei die **Phase 1 des vorderen Seitkicks mit einer Rutsch- bzw. Gleitbewegung des Standbeines über den Boden kombiniert** wird. Der nötige Kraftstoß resultiert aus einer Beugung und nachfolgender, explosiver Streckbewegung des Standbeins. Neben der gesteigerten Anforderung an die Gleichgewichtsfähigkeit durch das **Reingleiten,** muss ein **Rückstoß** ausbalanciert werden. |
| **4. vorderer Seitkick mit Reingleiten** in die Kickdistanz **gegen destabilisierenden Widerstand eines** (um die Taille angelegten von einem Partner festgehaltenen) **Deuserbandes®** **und Treffen eines Sandsackes auf Bauchhöhe** |
| **Ausgangsstellung: Seitliche Kampfstellung** in Pointfightingauslage (Übung 1). **Durchführung:** Bei stabiler Pointfighting-Deckung (Übung 2) werden die **4 Phasen des vorderern Seitkicks mit Treffen auf einen Sandsack bei Trefferhöhe zum Bauch** durchgeführt, wobei die **Phase 1 des vorderen Seitkicks mit einer Rutsch- bzw. Gleitbewegung des Standbeines über den Boden kombiniert** wird. Der nötige Kraftstoß resultiert aus einer Beugung und nachfolgender, explosiver Streckbewegung des Standbeins gegen Widerstand des entgegenwirkenden Deuserbandes®. Neben der gesteigerten Anforderung an die Gleichgewichtsfähigkeit durch das **Reingleiten,** die **destabilisiertende Wirkung des Deuserbandes®,** muss ein **Rückstoß** ausbalanciert werden. |
| **5. vorderer Seitkick mit Reingleiten** in die Kickdistanz **gegen destabilisierenden Widerstand eines** (um die Taille angelegten von einem Partner festgehaltenen) **Deuserbandes® und Treffen eines Sandsackes auf Kopfhöhe** |
| **Ausgangsstellung:** Seitliche Kampfstellung in Pointfightingauslage (Übung 1). **Durchführung:** Bei stabiler Pointfighting-Deckung (Übung 2) werden die **4 Phasen des vorderern Seitkicks mit Treffen auf einen Sandsack bei Trefferhöhe zum Kopf** durchgeführt, wobei die **Phase 1 des vorderen Seitkicks mit einer Gleitbewegung des Standbeines über den Boden kombiniert** wird. Der nötige Kraftstoß resultiert aus einer Beugung und explosiver Streckbewegung des Standbeins. Neben der gesteigerten Anforderung an die Gleichgewichtsfähigkeit durch das **Reingleiten,** die **destabilisiertende Wirkung des Deuserbandes®** und die **gesteigerte Kickhöhe,** muss ein **Rückstoß** ausbalanciert werden. |

Tab. 6: Trainingsplanung Koordinationstraining

| Übungsreihe II: vorderer Halbkreiskick |
| --- |
| **6. vorderer Halbkreiskick** im Stand **auf dem „Airex®-Kissen"** in die Luft auf Bauchhöhe **mit stabilisierendem Griff** in einen **TRX®-Suspension Trainer** |
| **Ausgangsstellung: Seitliche Kampfstellung** in Pointfightingauslage (Übung 1). <br> **Durchführung:** Bei seitlicher Bein- und Hüftstellung sind Oberkörper und Kopf in Trittrichtung rotiert, der Griff in den Suspension Trainer erfolgt bei gebeugten Armen auf Brusthöhe. Das **Airex®-Kissen** erhöht die Anforderung an die Gleichgewichtsfähigkeit durch provozierte Instabilität zur besseren Rezeptorenstimulation. <br> **Technikbeschreibung: 4 Phasen des vorderern Halbkreiskicks:** <br> **1. Anziehen der vorderen Kickbeines** bei maximaler Hüftextension und -abduktion. Das Gewicht wird auf das außenrotierte, leicht gebeugte Standbein verlagert. Das Knie ist höchster Punkt des Beines, Sprunggelenk und Zehen sind maximal gestreckt, wobei die Trefferfläche der Fußspann darstellt. Der Oberkörper bleibt möglichst aufrecht. <br> **2. Durchstrecken vom Kniegelenk,** bei maximalem Kraftstoß aus der Beinstreckermuskulatur. Die Hüfte ist hierbei maximal gestreckt und abduziert. Getroffen wird mit dem Spann bei gestrecktem Fuß. <br> **3. Sicherungsphase** durch Zurückziehen des Kickbeines durch Knieflexion und Rückkehr zur angezogenen Positionierung wie bei Phase 1 beschrieben. <br> **4. Absetzen des Kickbeines in die seitliche Kampfstellung:** Rückkehr zur Ausgangsposition bei teilweiser Gewichtsverlagerung auf das vordere Bein. |
| **7. vorderer Halbkreiskick** im Stand **auf dem „Airex®-Kissen"** in die Luft auf Kopfhöhe **ohne stabilisierenden Griff** in den **TRX®-Suspension Trainer** |
| **Ausgangsstellung: Seitliche Kampfstellung** in Pointfightingauslage (Übung 1). <br> **Durchführung:** Bei stabiler Pointfighting-Deckung (Übung 2) werden die **4 Phasen des vorderern Halbkreiskicks in die Luft bei Trefferhöhe zum Kopf** durchgeführt **ohne Unterstützung** des stabilisierenden Griffs in den Suspension Trainer. Die hohe Anforderung an die Gleichgewichtsfähigkeit durch die Bewegungsaufgabe wird durch den Stand auf dem **Airex®-Kissen** stark gesteigert. Die Lernhilfe durch den stabilisierenden Griff in den TRX®-Trainer entfällt. |
| **8. vorderer Halbkreiskick mit Reingleiten** in die Kickdistanz **und Treffen eines Sandsackes auf Bauchhöhe** |
| **Ausgangsstellung: Seitliche Kampfstellung** in Pointfightingauslage (Übung 1). <br> **Durchführung:** Bei stabiler Pointfighting-Deckung (Übung 2) werden die **4 Phasen des vorderern Seitkicks mit Treffen auf einen Sandsack bei Trefferhöhe zum Bauch** durchgeführt, wobei die **Phase 1 des vorderen Seitkicks mit einer Gleitbewegung des Standbeines über den Boden kombiniert** wird. Der dazu nötige Kraftstoß resultiert aus einer Beugung und nachfolgender, explosiver Streckung des Standbeins. <br> Neben der gesteigerten Anforderung an die Gleichgewichtsfähigkeit durch das **Reingleiten**, muss ein **Rückstoß** ausbalanciert werden. |
| **9. vorderer Halbkreiskick mit Reingleiten** in die Kickdistanz **gegen destabilisierenden Widerstand** eines (um die Taille angelegten von einem Partner festgehaltenen) **Deuserbandes und Treffen eines Sandsackes auf Bauchhöhe** |
| **Ausgangsstellung: Seitliche Kampfstellung** in Pointfightingauslage (Übung 1). <br> **Durchführung:** Bei stabiler Pointfighting-Deckung (Übung 2) werden die **4 Phasen des vorderern Halbkreiskicks mit Treffen auf einen Sandsack bei Trefferhöhe zum Bauch** durchgeführt, wobei die **Phase 1 des vorderen Seitkicks mit einer Gleitbewegung des Standbeines über den Boden kombiniert** wird. Der nötige Kraftstoß resultiert aus einer Beugung und explosiven Streckbewegung des Standbeins gegen Widerstand des entgegenwirkenden Deuserbandes®. Neben der gesteigerten Anforderung an die Gleichgewichtsfähigkeit durch das **Reingleiten** und die **destabilisiertende Wirkung des Deuserbandes®,** muss ein **Rückstoß** ausbalanciert werden. |
| **10. vorderer Halbkreiskick mit Reingleiten** in die Kickdistanz **gegen destabilisierenden Widerstand** eines (um die Taille angelegten von einem Partner festgehaltenen) **Deuserbandes und Treffen eines Sandsackes auf Kopfhöhe** |
| **Ausgangsstellung: Seitliche Kampfstellung** in Pointfightingauslage (Übung 1). <br> **Durchführung:** Bei stabiler Pointfighting-Deckung (Übung 2) werden die **4 Phasen des vorderern Halbkreiskicks mit Treffen auf einen Sandsack bei Trefferhöhe zum Kopf** durchgeführt, wobei die **Phase 1 des vorderen Halbkreiskicks mit einer Gleitbewegung des Standbeines über den Boden kombiniert** wird. <br> Der dazu nötige Kraftstoß resultiert aus einer Beugung und nachfolgender Streckbewegung des Standbeins und muss den Widerstand des entgegenwirkenden Deuserbandes® überwinden. <br> Neben der gesteigerten Anforderung an die Gleichgewichtsfähigkeit durch das **Reingleiten**, die **destabilisierende Wirkung des Deuserbandes®** und die **gesteigerte Kickhöhe,** muss ein **Rückstoß** ausbalanciert werden. |

# 5 Literaturrecherche

Tab. 7: Ergebnis der Literaturrecherche zu Effekten des Dehnens auf die Bewegungsreichweite bzw. auf die Dehnungsspannung (bei eigen- bzw. fremdregulierter Dehnung)

| Titel | „Bewegungsreichweite, Zugkraft und Muskelaktivität bei eigen- bzw. fremdregulierter Dehnung" |
|---|---|
| | „Range of motion, traction force and muscle activity in self- and external-regulated stretching" |
| Autoren- | Glück, S., Schwarz, M., Hoffmann, U. & Wydra, G. |
| schaft | Sportwissenschaftliches Institut & Institut für Sport- und Präventivmedizin (Universität des Saarlandes) |
| Publikation | 2002 in *Deutsche Zeitschrift für Sportmedizin, 53* (3) |

| Versuchspersonen |
|---|
| Untersucht wurden **27 Sportstudenten** (m=16, w=11) im Alter von 24,8 ± 1,7 Jahren mit einem Körpergewicht von 67,6 ± 9,6 kg und einer Körpergröße von 175,6 ± 7,7 cm. Ausgeschlossen waren Studenten, die Sportarten mit überdurchschnittlich hohen Beweglichkeitsanteilen, wie Turnen, Rhythmische Sportgymnastik oder Akrobatik, betrieben. |

| Versuchsaufbau |
|---|
| Die Probanden wurden zufällig in drei Gruppen aufgeteilt und führten zur Überprüfung der Dehnfähigkeit der Mm. ischiocrurales drei standardisierte Testformen in randomisierter Reihenfolge durch. Bei drei Gewöhnungsterminen sollten sich die Probanden mit der Mess-Apparatur von Wydra, Glück und Roemer (2000), den drei Durchführungsformen und der Dehnposition an der Schmerzgrenze (Marschall, 1999) vertraut machen. Nach einer Woche begann die dreiwöchige Testphase mit einem Test pro Woche. Im ersten Test führten die Probanden eine direkte Eigendehnung über einen Seilzug durch. Der zweite Test bestand aus indirekter Eigendehnung durch selbstständiges Bedienen eines Elektromotors. Im dritten Test steuerte der Testleiter über den Elektromotor die indirekte Fremddehnung. Die Probanden konnten durch Zuruf die Intensität steuern. Bei jeder Einzelmessung wurden folgende Parameter erfasst: 1. **maximale Bewegungsreichweite an der Schmerzgrenze** ($BR_{max}$) durch ein dreidimensionales Bewegungsanalysesystem (CMS 30®, Zebris Medizintechnik, Isny) mit einer Messgenauigkeit von 0,1°. 2. **Zugkraft bei konstantem Winkel** (ZK) der ersten Bewegungsreichweite $BR_{max}$ und maximal tolerierte Zugkraft in maximaler Dehnposition ($ZK_{max}$) jeweils mit Hilfe eines Dehnungsmessstreifens (Biovision, Frankfurt a. M.). 3. **Muskelaktivität** des M. biceps femoris als Integral (%$iEMG_{biz}$) mittels EMG-Verstärker (Biovision, Frankfurt a. M.). Vor den Tests erfolgte eine Erwärmung. Die Bestimmung der Beingewichtskraft erfolgte bei einem Hüftflexionswinkel von 45° und gleichzeitiger Knieextension. Das Testbein wurde 15 mal in maximale Dehnposition gebracht und sofort wieder zum Ausgangswinkel von 45° bewegt. Zur Relativierung des %$iEMG_{biz}$ wurde die maximale willkürliche Kontraktionskraft (MVC) 5 Prozent unterhalb ø$BR_{max}$ gemessen. Die MVC ist von der Motivation der Probanden abhängig (Klee, Wiemann & Jöllenbeck, 1999). Die Probanden wurden standardisiert verbal zur maximalen Leistung animiert. Zur statistischen Weiterverarbeitung wurden $BR_{max}$ und $ZK_{max}$ an der subjektiven Schmerzgrenze (Marschall, 1999), bestimmt und mittels subjektivem Anstrengungsgrad (Borg, 1982) objektiviert. Die EMG-Aktivitäten des M. biceps femoris wurden nach Hautpräparation und Anbringen von Einmaloberflächenelektroden (Ag/AgCl-Elektroden, Vivo Med, Wesel) bipolar mittels Verstärker mit einer Abtastrate von 1000 Hz abgeleitet. Nach einer Vollgleichrichtung und Time-Base-Glättung wurde ein dreisekündiges Integral während der maximalen Dehnposition und MVC bestimmt. Die Datenauswertung erfolgte mit STATISTICA® (StatSoft, Tulsa). Die Normalverteilung wurde mit dem Shapiro-Wilks W-Test geprüft, die Varianzhomogenität mit dem Levene-Test. Bei normalverteilten, varianzhomogenen Daten wurde zur Überprüfung signifikanter Unterschiede (p≤0,05) die einfaktorielle Varianzanalyse und post hoc der Scheffé-Test durchgeführt. |

| Ergebnisse & Schlussfolgerungen |
|---|
| Bezüglich der **maximalen Bewegungsreichweite**, konnten zwischen direkter und indirekter Eigendehnung und zwischen direkter Eigendehnung und indirekter Fremddehnung hochsignifikante Unterschiede (p≤0,001) nachgewiesen werden: Im Mittel lag $BR_{max}$ **bei direkter Eigendehnung** (110,7°) **5% höher als bei indirekter Eigendehnung** (105,7°) **und indirekter Fremddehnung** (105,4°). **Zwischen den beiden indirekten Verfahren** konnte **kein Unterschied** nachgewiesen werden. Der erste **Wert bei direkter Eigendehnung** (104,1°) lag bereits 3,8° **(4%) höher als bei indirekter Fremddehnung** (99,4°). Bezüglich der **Dehnungsspannung** werden **Zugkraft bei konstantem Bezugswinkel** und **maximal tolerierte Zugkraft** differenziert. Bei der **Zugkraft bei konstantem Bezugswinkel** konnten zwischen den drei Methoden **keine signifikanten Gruppenunterschiede** festgestellt werden. Bei der **maximal tolerierten Zugkraft** gab es **auch keine nachweislichen Unterschiede** zwischen den Gruppen. |

Tab. 8: Ergebnis der Literaturrecherche zu Effekten des Dehnens auf die Bewegungsreichweite bzw. auf die Dehnungsspannung (bei variierender Dehnungsdauer)

| Titel | „Effect of Duration of Passive Stretch on Hip Abduction Range of Motion" |
|---|---|
| | (Effekte passiver Dehnung untersch. Dehnungsdauer auf die Hüftabduktorenbewegungsreichweite) |
| Autorenschaft | Madding, S. W., Wong, J. G., Hallum, A. & Medeiros, J. M. |
| | Stanford University School of Medicine, Division of Physical Therapy |
| Publikation | 1982 in *The Journal of Orthopaedic and Sports Physical Therapy*, 8 (8) |

### Versuchspersonen

Untersucht wurde eine **Zufallsstichprobe aus 72 Männern** im Alter von 22-40 (27,1 ± 4,4) Jahren mit einem Körpergewicht zwischen 56,8-109,0 (74,8 ± 9,4) kg und einer Körpergröße von 165,1-193,0 (180,8 ± 6,5) cm. Ausschlusskriterien waren medizinische Kontraindikationen, die die Bewegungsreichweite des Hüft- oder Kniegelenks beeinflussen, Operationen am linken Hüft- oder Kniegelenk, bestehende orthopädische Probleme am Becken, unterem Rücken, linker Hüfte oder linkem Knie, eine Hüftabduktionsbewegungsreichweite über 40° (links), auf Grund des Normwertes von 40,5 ± 6° (Boone & Azen, 1979) und die Teilnahme an einem außergewöhnlichen Dehn- oder Trainingsprogramm.

### Versuchsaufbau

Die Probanden wurden zufällig in drei Gruppen für passive Dehnung unterschiedlicher Dauer (15 Sekunden, 45 Sekunden und 2 Minuten) und eine Kontrollgruppe aufgeteilt. Jede Gruppe bestand aus 18 Probanden. Getestet wurden Veränderungen der Hüftabduktionsbewegungsreichweite abhängig von der Dauer der Dehnung. Untersucht wurden die Hüftabduktoren, um die Schwerkraft als Störfaktor durch eine Testpositionierung der Probanden in Rückenlage eliminieren zu können und die Ergebnisse der Testung des zweigelenkigen M. gracilis auf die Mehrheit der Beinmuskeln übertragen zu können (meist zweigelenkig). Die Position in Rückenlage ermöglichte auch eine Beckenstabilisation und eine Fixierung der unteren Extremität der linken Seite. Die Messung der Hüftabduktion erfolgte auf einer speziellen Apparatur, die die Hüftgelenkabduktion in Grad und die Zugkraft der Dehnungsspannung misst. Ausgangswert der Messungen der Bewegungsreichweite der Hüftabduktion (BAR) war der höchste von drei Messwerten der Bewegungsreichweite des linken Hüftgelenks (ROM) im Vortest. Ausgangswert der Zugkrafttestung der Dehnungsspannung (BF) war der Widerstand des linken Beins im Vortest, gemessen durch ein Dynamometer. Die Messwerte der Dehnungsspannung/Zugkraft (SF) wurden mit dem Ausgangswert verglichen (SF=BF+100% BF), um die Veränderung der Dehnungsspannung bei jedem Probanden zu operationalisieren. Die Bewegungsreichweite der Hüftabduktion der Versuchsgruppen (PSAR) wurde im Nachtest an der Stelle des Ausgangswertes der Dehnungsspannung (BF) genommen. Für die Kontrollgruppe wurden die Ausgangsmesswerte (BF) genommen. Eine Steigerung des Messwertes indizierte somit eine Steigerung der Bewegungsreichweite des Hüftgelenkes in der Abduktion. Die Dehnungsspannung/Zugkraft im Nachtest (PSF) für die Versuchsgruppen wurde als Dehnungswiderstand am Ausgangswert der Bewegungsreichweite (BAR) gemessen. Für die Kontrollgruppe wurden die Ausgangswerte der Bewegungsreichweite genommen. Eine Abnahme der Zugkraft bzw. des Widerstandes indizierte somit eine Abnahme der Dehnungsspannung. Im Nachtest wurden alle Probanden bei einer kontrollierten Raumtemperatur (20,0-22,2°C) mit einer Abduktionsgeschwindigkeit von 5° pro Sekunde, kontrolliert durch ein Metronom mit akustischem Stichwort, einmal getestet. Dehnungs- und Pausendauer wurden mit Hilfe einer Digitaluhr überwacht. Während der Messung auf der Apparatur wurden die Probanden mit Klettverschlussgurten am Becken und rechten Bein fixiert, um Ausweichbewegungen zu vermeiden.

### Ergebnisse & Schlussfolgerungen

**Alle drei Versuchsgruppen** (15 Sekunden, 45 Sekunden, 2 Minuten) zeigten eine **signifikante Vergrößerung der Bewegungsreichweite der Hüftabduktion und eine signifikante Abnahme der Dehnungsspannung bei Hüftabduktion** durch die passive Dehnung. Für die Kontrollgruppe wurde kein signifikanter Unterschied entdeckt.
Auch bezüglich der **Dehnungsspannung** zeigten die T-Tests für abhängige Stichproben für **jede der drei Versuchsgruppen einen signifikanten Unterschied.** In der Kontrollgruppe wurde kein signifikanter Unterschied entdeckt.
Eine einfaktorielle Varianzanalyse (p≤0,05) zeigte einen signifikanten Unterschied zwischen mindestens eine der vier Gruppen. Die Bonferroni-Korrektur zur Neutralisierung der Alphafehler-Kumulierung bei multiplen Vergleichen wurde benutzt, um den signifikanten Unterschied zwischen den Gruppen zu bestimmen.
Es gab **keine signifikanten Unterschiede zwischen** den Mittelwertdifferenzen der **Bewegungsreichweiten der drei Versuchsgruppen unterschiedlicher Dehnungsdauer,** außer beim Vergleich der Versuchsgruppe (15 Sekunden) mit der Versuchsgruppe (45 Sekunden). **15 Sekunden Dehnung hat signifikant gleiche Effekte auf Bewegungsreichweite und Dehnungsspannung wie 45 Sekunden oder 2 Minuten Dehnung.**

# 6 Literaturverzeichnis

Ashwell, M., Lejeune, S. & McPherson, K. (1996). Ratio of waist circumferences to height may be better indicator of need for weight management. *British Medical Journal,* 312 (7027), 377.

Boone, D. C. & Azen, S. P. (1979). Normal range of joints in male subjects. *The Journal of Bone & Joint Surgery, 61* (5) 756-759.

Borg, G. (1982). Phychophysical bases of perceived exertion. *Medicine and Science in Sports and Exercise, 14* (5) 377-381.

Chwilkowski, C. (2006). *Medizinisches Koordinationstraining – Verbesserung der Haltungs- und Bewegungskoordination durch Propriozeption* (2. Aufl.). Köln: Deutscher Trainer Verlag.

Eifler, C. (2017). *Trainingslehre III – Gesundheitsorientiertes Beweglichkeits- und Koordinationstraining.* Saarbrücken: Deutsche Hochschule für Prävention und Gesundheitsmanagement.

Fetz, F. (1996). *Allgemeine Motorik der Leibesübungen* (10., überarb. und erw. Aufl.). Wiesbaden: Limpert.

Freiwald, J. & Engelhardt, M. (1999). Aspekte der Trainings- und Bewegungslehre neuromuskulärer Dysbalancen – Teil 2. *Gesundheitssport und Sporttherapie, 15,* 46-50.

Gallagher, D., Heymsfield, S. B., Heo, M., Jebb, S. A., Murgatroyd, P. R. & Sakamoto, Y. (2000). Healthy percentage body fat ranges: an Approach for developing guidelines based on body mass index. *American Journal of Clinical Nutrition, 72* (3), 694-701.

Glück, S. (2005). *Beeinflussung der Beweglichkeit durch unterschiedliche physische und psychische Einwirkungen.* Dissertation, Universität des Saarlandes. Saarbrücken.

Glück, S., Schwarz, M., Hoffmann, U. & Wyrda, G. (2002). Bewegungsreichweite, Zugkraft und Muskelaktivität bei eigen- bzw. fremdregulierter Dehnung. *Deutsche Zeitschrift für Sportmedizin, 53* (3) 66-71.

Größing, S. (1997). *Einführung in die Sportdidaktik: Lehren und Lernen im Sportunterricht* (7., neu überarb. Aufl.). Wiesbaden: Limpert.

Häfelinger, U & Schuba, V. (2007). *Koordinationstherapie – propriozeptives Training* (3. Aufl.). Aachen: Meyer & Meyer.

Hirtz, P. (2007). Koordinative Fähigkeiten und Beweglichkeit. In K. Meinel, G. Schnabel & J. Krug (Hrsg.), *Bewegungslehre – Sportmotorik* (11. Aufl., S. 212-242). Aachen: Meyer & Meyer.

Hohmann, A. Lames, M. & Letzelter, M. (2002). *Einführung in die Trainingswissenschaft* (2. Aufl.). Wiebelsheim: Limpert.

Hollmann, W. & Hettinger, T. (2000). *Sportmedizin. Grundlagen für Arbeit, Training und Präventivmedizin.* (4. Aufl.). Stuttgart: Schattauer.

International Task Force for Prevention of Coronary Heart Disease. (1998). Coronary Heart Disease: Reducing the Risk. The scientific background for primary and secondary prevention of coronary heart disease. *Nutrition, Metabolism and Cardiovascular Diseases Journal, 8,* 205-271.

Janda, V. (1986). *Muskelfunktionsdiagnostik.* Berlin: VEB Verlag Volk und Gesundheit.

Janda, V. (2000). *Manuelle Muskelfunktionsdiagnostik* (4. Aufl.). München: Urban & Fischer.

Janssen, P. G. & Weineck, J. (2003). *Ausdauertraining. Trainingssteuerung über die Herzfrequenz- und Milchsäurebestimmung* (3. überarb. u. erw. Aufl.). Balingen: Spitta.

Klee, A., Wiemann, K. & Jöllenbeck, T. (1999). Meßstation zur Erfassung des Dehnungswiderstandes, der Viskosität sowie dynamischer und statischer Kraftparameter in vivo. In J. Wiemeyer (Hrsg.), *Forschungsmethodologische Aspekte von Bewegung, Motorik und Training im Sport* (S. 249-254) Hamburg: Czwalina.

Knebel, K.-P. (1985). *Funktionsgymnastik. Training, Technik, Taktik.* Reinbek bei Hamburg: Rowohlt

Loosch, E. (1999). *Allgemeine Bewegungslehre.* Wiebelsheim: Limpert.

Madding, S. W., Wong, J. G., Hallum, A. & Medeiros, J. M. (1987). Effect of duration of passive stretch on hip abduction range of motion. *The Journal of Orthopaedic and Sports Physical Therapy, 8* (8) 409-416.

Mancia, G., Fagard, R., Narkiewicz, K., Redón, J., Zanchetti, A., Böhm, M. et al. (2013). 2013 ESH/ESC Guidelines for the management of arterial hypertension. The task force for the management of arterial hypertension of the European Society of Hypertension (ESH) and of the European Society of Cardiology (ESC). *Journal of Hypertension, 31* (7), 1281-1357.

Marschall, F. (1999). Wie beeinflussen unterschiedliche Dehnintensitäten kurzfristig die Veränderung der Bewegungsreichweite? *Deutsche Zeitung für Sportmedizin, 50* (1) 5-9.

Masi, A. T., Nair, K., Evans, T. & Ghandour, Y. (2010). Clinical, biomechanical and physiological translational interpretations of human resting myofascial tone or tension. *International Journal of Therapeutic Massage and Bodywork, 3* (4), 16-28.

Neumaier, A. & Mechling, H. (1994). Taugt das Konzept „koordinativer Fähigkeiten" als Grundlage für sportartspezifisches Koordinationstraining? In P. Blaser, K. Witte & C. Stucke (Hrsg.), *Steuer- und Regelvorgänge der menschlichen Motorik* (S. 93-105). Sankt Augustin: Academia.

O'Connor, F. G., Casa, D. J., Davis, B. A., St. Pierre, P., Sallis, R. E. & Wilder, R. P. (2013). Gerneral Consideration in Sports Medicine. In. F. G. O'Connor (Hrsg.), ACSM's Sports Medicine: A Comprehensive Review (S. 21-30). Philadelphia: Lippincott Williams & Wilkins.

Oliver, N., Marschall, F. & Büsch, D. (2008). *Grundlagen der Trainingswissenschaft und –lehre.* Schorndorf: Hofmann.

Oliver, N. & Rockmann, U. (2003). *Grundlagen der Bewegungswissenschaft und -lehre.* Schorndorf: Hofmann.

Pillmann, N., Schwinger, R.H. & Brixius, K. (2009). Fettstoffwechsel, Geschlecht und Sport. *Blickpunkt Mann, 7* (3), 7-10.

Quante, M. & Hille, E. (1999). Propriozeption: Eine kritische Analyse zum Stellenwert in der Sportmedizin. *Deutsche Zeitschrift für Sportmedizin, 50* (10), 306-310.

Rancour, J., Holmes, C. F. & Cipriani, D. J. (2009). The effects of intermittent stretching following a 4-week static stretching protocol: a randomized trial. *Journal of Strength and Conditioning Research, 23* (8), 2217-2222.

Reis, M. & Eifler, C. (2015). *Gruppentraining I.* Saarbrücken: Deutsche Hochschule für Prävention und Gesundheitsmanagement.

Schleip, R., Klinger, W. & Lehmann-Horn, F. (2005). Active fascial contractility: Fascia may be able to contract in a smooth muscle-like manner and therby influence musculoskeletal dynamics. *Medical Hypothesis, 65* (2), 273-277.

Schnabel, G., Harre, D. & Borde, A (1997). *Trainingswissenschaft. Leistung – Training - Wettkampf.* Berlin: Sportverlag.

Schnabel, G., Krug, J. & Panzer, S. (2007). Motorisches Lernen. In K. Meinel, G. Schnabel & J. Krug (Hrsg.), *Bewegungslehre – Sportmotorik* (11. Aufl., S. 144-211). Aachen: Meyer & Meyer.

Schönthaler, S. R. & Ohlendorf, K. (2002). *Biomechanische und neurophysiologische Veränderungen nach ein- und mehrfach seriellem passiv-statischem Beweglichkeitstraining.* Köln: Sport und Buch Strauß.

Smolenski, U. C., Buchmann, J. & Beyer, L. (2016). *Janda Manuelle Muskelfunktionsdiagnostik – Theorie und Praxis.* (5., komplett überarb. Aufl.). München: Urban & Fischer.

Sölveborn, S.-A. (1983). *Das Buch vom Stretching. Beweglichkeitstraining durch Dehnen und Strecken.* München: Mosaik.

Spring, H., Dvorak, J., Dvorak, V., Schneider, W., Tritschler, T. & Villinger, B. (1997). *Theorie und Praxis der Trainingstherapie.* Stuttgart: Thieme.

Strasser, R. H. (2015). Höherer Ruhepuls – höherers Sterberisiko. *MMW – Fortschritte der Medizin, 157* (21), 1.

Wechsler, J.G., Schusdziarra, V., Hauner, H. & Gries, F.A. (1996). Therapie der Adipositas. *Deutsches Ärzteblatt, 93,* 2214-2218.

Wiemann, K., Klee, A. & Stratmann, M. (1998). Filamentäre Quellen der Muskel-Ruhespannung und die Behandlung muskulärer Dysbalancen. *Deutsche Zeitschrift für Sportmedizin, 49* (4), 111-118.

World Health Organization: FAO/WHO/UNO. (2000). *Obesity: Preventing and Managing the Global Epidemic – Report of a WHO Consultation.* Geneva: Technical Report Series 894.

Wydra, G. (1997). Stretching – ein Überblick über den aktuellen Stand der Forschung. *Sportwissenschaft, 27* (4), 409-427.

Wydra, G., Glück, S. & Roemer, K. (1999). Kurzfristige Effekte verschiedener singulärer Muskeldehnungen. *Deutsche Zeitschrift für Sportmedizin, 50* (1), 10-16.

Zhang, D., Shen, X. & Qi, X. (2015). Resting heart rate and all-cause and cardiovascular mortality in the general population: a meta-analysis. *Canadian Medical Association Journal, 188* (3), 53-63.

# 7 Tabellenverzeichnis

# BEI GRIN MACHT SICH IHR WISSEN BEZAHLT

- Wir veröffentlichen Ihre Hausarbeit,
  Bachelor- und Masterarbeit

- Ihr eigenes eBook und Buch -
  weltweit in allen wichtigen Shops

- Verdienen Sie an jedem Verkauf

## Jetzt bei www.GRIN.com hochladen und kostenlos publizieren